CARPENDALE

Wenn Du mich finden willst

Ansichten meines Lebens

in Photographien & Texten

Impressum

Herausgeber: **te Neues Verlag,** *Kempen*
Trignon GmbH, *Dehrn*

Autoren: ***Howard Carpendale***
Dieter Weidenfeld

Projektmanagement: ***Ralph Larmann,*** *Trignon GmbH, Dehrn*

Lektorat: ***Michael Talberg***

Artwork: ***Jörg Sehr,*** *Trignon GmbH, Dehrn*

Reproduktion: ***Artwork Repro,*** *Limburg*

Druck: ***Contzen Druck Multi-Media GmbH,*** *Lünen*

ISBN 3-8238-0768-4

Foto-Nachweis:

Ralph Larmann
Titelfoto,14, 24, 42, 46, 47, 48, 50, 51, 52, 53, 56, 60, 61, 62, 63, 64, 70, 71

Jim Rakete
Titelfoto (Hintergrund),58, 73, 77, 78, 79, 80, 81, o.85, 86, 87, 88, 94, 95

***Privatarchiv,* Carpendale/Weidenfeld**
7, 8, u.9, 11, l.12, r.12, 16, 17, o.18, 19, 20, u.l.25, 26, 27, 32, 33, o.40, 54, 55, 67, 74, 75, u.83, o.84,u.84,u.l.85, u.m.85, o.91,97

Schneider Press
6, o.9, 66, 89

Public Adress
35, 36, 37, 38

UFA/RTL
22, o.28, u.28, o.29, u.l.30, u.r.30, u.31

Senator Film
u.l.29, u.r.29, o.r.31

Eberhard Aug
u.r.18, u.l.18, o.25, 57

Stephanie
13, u.r.25, 49

Lisa Tanner
34, 39

Roelen
21, 82, 90

M. Grüne
5

Ossinger *(dpa)*
u.40, 41, o.43, u.43, 76, 91, 93

Kersten *(dpa)*
23

Wöstmann *(dpa)*
u.r.85

Gregor *(dpa)*
o. 83

Schmitt *(dpa)*
u.14

Rigo Rössner
10

Gavinha
44, 45

Kannitz
u.54

W. Kaiser
59

Patzke
68

Erwin Schneider
15

CARPENDALE

Wenn Du mich finden willst

Herausgegeben von

te Neues Verlag, Kempen
und
Trignon GmbH, Dehrn

Vorwort

Als mir vor einiger Zeit die Autoren dieses Buches den Vorschlag machten, einen Fotoband über mich zu veröffentlichen, war ich zunächst alles andere als begeistert. Denn eins war mir immer schon klar: Ich bin nicht sehr fotogen, und so mag ich auch die meisten Bilder nicht, die von mir im Umlauf sind. Außerdem glaube ich, daß ein Musiker durch seine Lieder wirken sollte und nicht durch sein Abbild.

Dann aber zeigten mir die Autoren ein paar Seiten des Buches, die sie einfach mal so zusammengestellt hatten. Die gefielen mir so sehr, daß ich schließlich doch mein Okay gab.

Nun also liegt das fertige Buch vor mir - und ich kann den Fotografen und dem Grafiker nur gratulieren! Es ist wirklich ein kleines Kunstwerk geworden. Es fängt die Stimmungen authentisch ein, hat Atmosphäre und ist ästhetisch gelungen.

Ich blättere es durch und habe ein seltsames Gefühl dabei. Ich erkenne mich darin nicht nur wieder, sondern entdecke mich teilweise selber neu...

Ich glaube, es ist ein gutes Buch. Eines, das ich meinen besten Freunden schenken werde.

Vorwort

Seit rund einem Vierteljahrhundert arbeite ich nun mit Howard Carpendale zusammen. Ich bin sein Manager, habe mit ihm ein Buch geschrieben und ihn durch viele Höhen und manche Tiefen begleitet.

Carpendale ist eine Persönlichkeit mit vielen Facetten. Die interessantesten wird dieses Buch aufzeigen.

Ich freue mich, daß ich diesen Fotoband zusammenstellen konnte - als eine Art Zwischenbilanz seines künstlerischen Lebens. Ich habe Zitate und Aussprüche von Howard gesammelt, die einen besseren Einblick in seine Persönlichkeit geben, als normale Presse-Interviews dies gemeinhin tun, und dazu einige Liedtexte ausgewählt, welche die Gefühle und Gedanken des Künstlers besonders treffend wiedergeben. Aber nicht diese Zitate und Liedtexte sind es, die die Faszination dieses Buches ausmachen, sondern ihre Kombination mit den Bildern - und natürlich der Künstler und Mensch, der auf ihnen zu sehen ist.

Beatrice Cameron-Carpendale über Ihren Sohn Howard

„Jetzt ist Howard schon weit mehr als die Hälfte seines Lebens von Zuhause fort - und über all die Jahre zu meinem besten Freund geworden. Howard hat viel Familiensinn, großes Verantwortungsbewußtsein, und ich mag sein warmes Lächeln und seinen Humor. Er nennt mich übrigens nie ‚Mummy' - er sagt meistens ‚Dearest' zu mir - was soviel heißt wie ‚meine Teuerste'. Manchmal nennt er mich auch - wie viele Freunde - einfach ‚Bee' (Biene) - als Abkürzung meines Vornamens Beatrice."

(Beatrice Cameron-Carpendale)

„Mein Vater hat sich schwer durchkämpfen müssen in seinem Leben: Bevor er ein erfolgreicher Cricketspieler wurde, hatte er sich in seiner Jugend sogar bis zum Halbschwergewichts-Champion von Natal durchgeboxt. Nur war er leider kein Geschäftsmann - und so hat es lange gedauert, bis er auch seinen Platz im Business und in der Gesellschaft erobern konnte. Gegen Ende seines Lebens war er dann ein geachteter Oppositionspolitiker im Landtag und zudem Strandkommissar von Durban. Nach seinem Tod benannte man in Durban sogar einen Park nach ihm. Den ‚Carpendale-Park' gibt es heute noch."

(Howard V. Carpendale)

- und Howard über seine Eltern

„Howard war schon als Kind auf Erfolg programmiert. Und so wußte ich schon in seiner Jugendzeit: Er wird später einmal auf irgendeinem Gebiet erfolgreich sein - in der Politik, als Geschäftsmann, als Sportler oder als Musiker."

(Beatrice Cameron-Carpendale)

Beatrice Cameron Carpendale über Ihren Sohn Howard

„Ich habe meinen Vater immer bewundert. Aber seltsam: Eigentlich wollte ich nie einfach nur sein Sohn sein, sondern immer sein Kumpel werden. Und das wurde ich dann auch.

Eigentlich weiß ich erst jetzt, wenn ich zurückschaue, wieviel ich meinem Vater verdanke."

(Howard V. Carpendale)

- und Howard über seine Eltern

„Meine Mutter ist für mich einfach ein Mensch, den ich sehr liebe; ein kleines Mädchen, das ich umarmen und beschützen will.“

(Howard V. Carpendale)

„‚Bee' und ich haben sicherlich keine typische Sohn-Mutter-Beziehung. Das hängt mit meiner Kindheit zusammen: Ich war eigentlich seit meinem zwölften Lebensjahr selbständig und konnte stets machen, was ich wollte. Bereits mit fünfzehn hatte ich meine erste eigene Wohnung - aber ich war und bin trotzdem oft und gerne zu Hause.“

(Howard V. Carpendale)

Mein Name ist Howard V. Carpendale

Mein Künstlername ist auch mein richtiger: Howard Victor Carpendale. So wurde ich getauft, und so steht es in meinem Paß.

Zu Beginn meiner Karriere wollte ich meinen Namen ändern. Zu der Zeit spielte ich noch in Südafrika mit meiner kleinen Band, und irgend jemand hatte mir den Floh ins Ohr gesetzt: *„Carpendale ist doch kein guter Name für einen Künstler!"* Also suchte ich nach einem „guten" Künstlernamen für mich.

Als mein Vater davon erfuhr, wurde er sehr wütend. *„Ich möchte, daß Du unter Deinem guten, ehrlichen Namen auftrittst!"* sagte er.

Ich sah ein, daß er Recht hatte - und seit der Zeit heiße ich auch als Künstler Howard Carpendale. Nur den „Victor" schenke ich mir, der Einfachheit halber ...

Carpendale ist kein guter Name für einen Künstler

- V. wie "Victor"

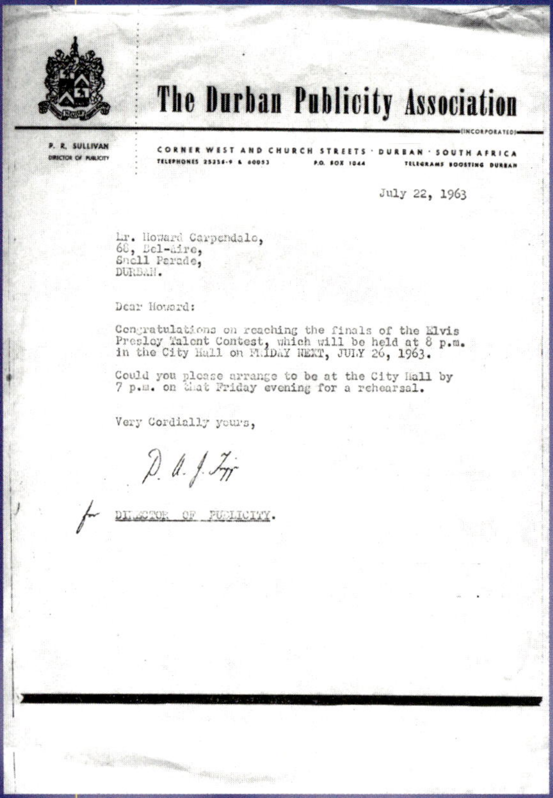

The Durban Publicity Association
(INCORPORATED)

P. R. SULLIVAN
DIRECTOR OF PUBLICITY

CORNER WEST AND CHURCH STREETS · DURBAN · SOUTH AFRICA
TELEPHONES 25256-9 & 60053 P.O. BOX 1044 TELEGRAMS BOOSTING DURBAN

July 22, 1963

Mr. Howard Carpendale,
68, Bel-Aire,
Snell Parade,
DURBAN.

Dear Howard:

Congratulations on reaching the finals of the Elvis Presley Talent Contest, which will be held at 8 p.m. in the City Hall on FRIDAY NEXT, JULY 26, 1963.

Could you please arrange to be at the City Hall by 7 p.m. on that Friday evening for a rehearsal.

Very Cordially yours,

for DIRECTOR OF PUBLICITY.

In meiner Teenager-Zeit war Elvis mein großes Idol. Abends habe ich mich heimlich im Schlafzimmer vor den Spiegel gestellt, mit einem Besenstiel als Mikrofonständer in der Hand, und habe seine Posen, den berühmten Schmollmund und die eleganten Hüftbewegungen einstudiert.

Später wurde ich dann Leadsänger bei der Beatgruppe „The Kinsmen". Und natürlich waren Elvis-Songs meine Glanzstücke auf der Bühne.

Dann las ich eines Tages von einem „Elvis-Presley-Talent-Wettbewerb", der in einem Zelt am Strand von Durban stattfinden sollte. Ich meldete mich, sang vor - und gewann. Das brachte mir meinen ersten Schallplattenvertrag ein.

Auch als ich mit meinen verschiedenen Bands - zuerst in Südafrika, später mit meiner englischen Band in Deutschland -durch die Clubs tingelte, hatten wir immer ein paar Songs vom „King" im Repertoire.

Irgendwann habe ich es dann zum Prinzip gemacht: Bei jedem Konzert wird mindestens ein Song von Elvis Presley im Programm zu finden sein. Bislang habe ich mich immer daran gehalten.

Elvis Presley -das Idol meiner Jugend

Elvis Presley – das Idol meiner Jugend

Das brachte mir meinen ersten Schallplattenvertrag ein

Südafrika und die Apartheid

Südafrika und die Aparthei

Ich habe in meiner Karriere viele Lieder gegen die Apartheid gesungen und mich auch in unzähligen Interviews gegen diese menschenverachtende Politik ausgesprochen. Das hat zwar schon damals vielen Leuten nicht unbedingt gepaßt. Aber von dieser Haltung werde ich niemals abrücken!

Es wäre nun aber falsch, in jedem weißen Südafrikaner einen wilden Rassisten zu sehen, der schwarze Mitmenschen generell als Untermenschen behandelt. Auch die Weißen sind Bürger unseres Landes und in der Vorstellungswelt des afrikanischen Kontinents großgeworden.

Ich wurde manchmal in Interviews gefragt, ob es die Apartheid war, weswegen ich mit 18 Jahren Südafrika verließ. Und viele Journalisten waren maßlos enttäuscht, wenn ich ihnen antwortete: *„Sie werden lachen - ich habe damals nie ernsthaft über Apartheid nachgedacht!“*

Das kommt manchen vielleicht unwahrscheinlich vor - und doch war es so. Und es hatte Gründe: Ich lebte seinerseits in einem Paradies. Und in dieser heilen Welt hatte jeder seinen angestammten Platz: Die Weißen waren die Herren des Landes - das war nun einmal so. Die Politiker sagten es, die Geistlichen predigten es, die Freunde und Nachbarn glaubten daran. Das war sehr bequem für uns alle. Zu Hause hatten wir einen schwarzen Diener. Er arbeitete gerne bei uns, wir waren gut zu ihm, wir liebten ihn so wie er uns liebte. Die Welt war für uns und für ihn in Ordnung.

Sie werden lachen - ich habe damals nie ernsthaft über Apartheid nachgedacht!

Südafrika und

Meine schwarzen Freunde hielten immer eine natürliche Distanz zu mir. Tagsüber spielte ich mit ihnen zwar Cricket - aber am Abend verschwand jeder von uns in „seinem“ Wohnviertel.

Natürlich - da sprach man in den Zeitungen und im Radio von schwarzen Terroristen-Organisationen und von Leuten wie dem berüchtigten Nelson Mandela. Sie wurden als Kommunisten dargestellt, die uns Weißen den seit vielen Generationen erarbeiteten Wohlstand wegnehmen wollten. Den Schwarzen wiederum sagte man, sie sollten doch froh sein, hier in Südafrika zu leben - denn hier hätten sie es doch weitaus besser als im übrigen Afrika und sollten sich daher mit dem zufriedengeben, was sie hatten.

Fernsehen gab es damals noch nicht. Und so drang es nicht in unser Bewußtsein, daß in der

übrigen Welt Schwarz und Weiß friedlich zusammenlebten und -arbeiteten und sich als gleichwertige Menschen gegenseitig respektierten.

Mein Vater war Politiker, und er war ein Gegner der Apartheid. Aber für mich existierten damals keinerlei Probleme. Das Leben war schön, und ich dachte nur an Sport, Mädchen und Musik...

Erst als ich nach London kam, gingen mir die Augen auf. Da sah ich schwarze Mädchen mit weißen Freunden Hand in Hand spazierengehen. Oder sogar weiße Mädchen mit schwarzen Freunden! Und schwarze Sportler kämpften mit weißen Mannschaftskameraden um den Sieg und wurden von Zuschauern aller Rassen umjubelt. Es war ein Kulturschock für mich - und langsam verstand ich, daß wir Südafrikaner in einer Scheinwelt lebten. Und daß Apartheid etwas Schreckliches war.

Jetzt ist die Apartheid abgeschafft. Und an der Spitze des Staates steht Nelson Mandela - ein Mann, den ich sehr verehre. Ich hatte das Glück, ihn zu treffen. Er ist ein Mann mit großer Ausstrahlung.

Aber die Probleme in meiner Heimat sind noch nicht gelöst. Immer noch hausen viele Schwarze in Ghettos, sind verbittert und kämpfen gegen die Weißen. Sie können nicht begreifen, daß „ihr" Wohlstand nicht von heute auf morgen ausbrechen kann. Und viele Weiße wollen es immer noch nicht verstehen, daß die Schwarzen nun auch einmal an den Tischen der Weißen sitzen wollen - oder wenigstens in einer sauberen Wohnung leben, mit Licht und einem Kühlschrank.

Es ist noch ein weiter Weg. Die Apartheid gibt es immer noch - in unseren Köpfen. Und das gilt nicht nur für Südafrika...

Sport hat für mich immer eine große Rolle gespielt.

Wenn ich an meine Kindheit zurückdenke, dann tauchen immer wieder die Bilder vor mir auf, wie ich mit den anderen Jungs Cricket spiele. Fast jeden Tag haben wir trainiert - auf irgend einer Wiese von Durban oder auch auf einem richtigen Cricketfeld, wenn gerade eins frei war und der Verwalter ein Auge zudrückte. Wir alle träumten davon, große „Cricketeers" zu werden.

Mit vierzehn radelte ich sonntags von Spielfeld zu Spielfeld und fragte nach, ob nicht irgendwo ein Spieler fehlte. Und manchmal hatte ich Glück und durfte mitspielen.

Mit der Zeit war ich richtig gut geworden, und als ich fünfzehn war, wurde ein Traum für mich wahr: Ich wurde in die 1. Schulmannschaft aufgenommen, in die man normalerweise erst mit sechzehn oder siebzehn hineinkam. Das war mehr wert für mich als tausend gute Zensuren in Mathematik, und die weiße Cricketkleidung trug ich lieber als meine Schuluniform. Unser Captain war Barry Richards - der Mann, der später nach London gehen und einer der größten Cricketspieler aller Zeiten werden sollte ...

Irgendwann fing ich dann auch mit dem Kugelstoßen an. Ich weiß nicht, ob ich wirklich dafür begabt war - aber sicher ist, daß ich jahrelang wie ein Besessener trainiert habe, Tag

Sport ist mehr als nur Leibesertüchtigung

für Tag - bis ich es schließlich schaffte, den südafrikanischen Jugend-Rekord zu stoßen. Kurze Zeit später stieß mein ärgster Konkurrent die Kugel noch rund einen halben Meter weiter - und es war wieder aus mit meiner Bestleistung. Aber das machte mir nichts mehr aus. Ich hatte es allen gezeigt: meinem Vater, meinen Freunden - mir selbst. Ich legte die Kugel in den Schrank und nahm sie nie wieder in die Hand. Wahrscheinlich liegt sie heute noch dort. Ich werde „Bee“ mal danach fragen...

Auf der großen Ehrentafel in meiner alten Schule steht noch der Eintrag, daß ich seinerzeit Kugelstoßmeister der Schule war. Kein Schüler hat die Kugel seitdem weiter stoßen können. Das erfüllt mich mit Stolz.

Übrigens mein Vater hatte mir immer vom

Kugelstoßen abgeraten, er sagte: *„Das ist ein Sport, der irgendwo am Sportplatzrand ausgetragen wird. Du aber brauchst eine Disziplin, bei der Du im Mittelpunkt des Interesses stehst."* - Ich glaubte ihm nicht - heute weiß ich, daß er mich damals besser kannte als ich mich selbst.

Cricket blieb auch in den folgenden Jahren meine Leidenschaft - neben der Musik. Ich ging nach London, um Cricketspieler zu werden - wie vor mir Barry Richards. Ich trainierte eine Zeitlang beim „Ealing Broadway Cricket Club" - dann, eines Tages, bekam ich ein Angebot, als Sänger mit einer Beatband auf Deutschland-Tournee zu gehen - und ich nahm an. Das war die richtige Entscheidung. Ich wäre sicherlich ein recht guter Cricketspieler geworden - aber eben nicht Weltklasse.

Heute spiele ich Golf - mit der gleichen Leidenschaft, mit der ich früher den Cricketball geschlagen oder die Kugel gestoßen habe.

Sport macht mein Leben reicher. Und für mich ist es mehr als nur eine Freizeitbeschäftigung. Der Wettbewerb, die Teamarbeit, die Erziehung zur Fairness und der Lernprozeß, daß man auch einmal verlieren kann - all das ist Teil meiner Lebenshaltung geworden.

Auch als Sänger bin ich Sportler geblieben. Irgendwann habe ich einmal in einem Interview gesagt: *„Eigentlich bin ich in meinem Selbstverständnis weniger ein erfolgreicher Sänger als vielmehr ein frustrierter Sportler."* Ich habe das im Scherz gesagt - aber irgend etwas ist wahr daran.

SCHOOL RECORDS

EVENT	WINNER	TIME	YEAR
100 Yards	Chettleburgh, G. T. E.	10.2s.	1938 1939
220 Yards	Chettleburgh, G. T. E.	22.6s.	1937 1938
440 Yards	Owen-Jones, D.	51.8s.	1947
880 Yards	Schnell, G.	2m. 2.7s.	1957
Mile	Schnell, G.	4m. 40.6s.	1956
Cross Country	Schnell, G.	19m. 14s.	1957
Hurdles, 110yds x 3ft	d'Aubrey, R.	14.3s.	1962
High Jump	Griffin, G.	5ft. 11¼ins.	1957
Long Jump	Griffin, G.	21ft. 10½ins.	1957
Pole Vault	King, A.	11ft. 1in.	1961
Shot Put (12-lbs.)	**Carpendale, H.**	**45ft. 3½ins.**	**1963**
220 Yards Hurdles	Poacher, J.	25.9s.	1960
	Under 16 Records.		
100 Yards	Cubbin, A.	10.6s.	1956
220 Yards	Kidd, W. D. B.	23.5s.	1947
440 Yards	Smith, M. G., Poole, I. and Jones, S. V.	54s.	1950 1961 1962
880 Yards	Bourquin, O.	2m. 6.2s.	1957
Mile	Schnell, G.	4m. 40.6s.	1956
Cross Country	Pope, A. J.	20m. 5s.	1952
Hurdles, 110yds x 3ft	Collier, F.	15.1s.	1958
High Jump	de Villiers, P.	5ft. 7½ins.	1962
Long Jump	Cowan, A.	20ft. 3ins.	1962
Shot Put (12 lbs.)	Geshen, M.	43ft. 4½ins.	1957
220 Yards Hurdles	de Villiers, P.	27.3s.	1962
	Under 15 Records.		
100 Yards	Haynes, P. J. W. and Rosenthal, M.	10.8s.	1942 1961
220 Yards	Rosenthal, M.	24.3s.	1961
440 Yards	Mun-Gavin, D.	55.3s.	1961
880 Yards	Poole, I.	2m. 14.8s.	1960
Mile	Horne, P.	5m. 21.9s.	1954
Cross Country	Hackner, S.	20m. 56s.	1939
Hurdles, 110yds x 3ft	Haynes, P. J. W.	16.2s.	1942
High Jump	Warmback, P. D. and de Villiers, P.	5ft 4ins.	1947 1961
Long Jump	Sumner, I.	20ft. 0½in.	1960
75 Yards Low Hurdles	Slater, R.	11.1s.	1961
Shot Put (8¾ lbs.)	**Carpendale, H.**	**46ft. 4½ins.**	**1961**
	Under 14 Records.		
100 Yards	Lynn, B.	11.2s.	1961
220 Yards	Lynn, B.	25.4s.	1961
330 Yards	Lynn, B.	40.8s.	1961
880 Yards	Mun-Gavin, D.	2m. 24.0s.	1960
Cross Country	Poole, I.	22m. 11s.	1959
High Jump	de Villiers, P.	5ft. 1¼ins.	1960
Long Jump	Wolfsdorf, J.	18ft. 10½ins.	1961
75 Yards Low Hurdles	Collier, D.	11.1s.	1961

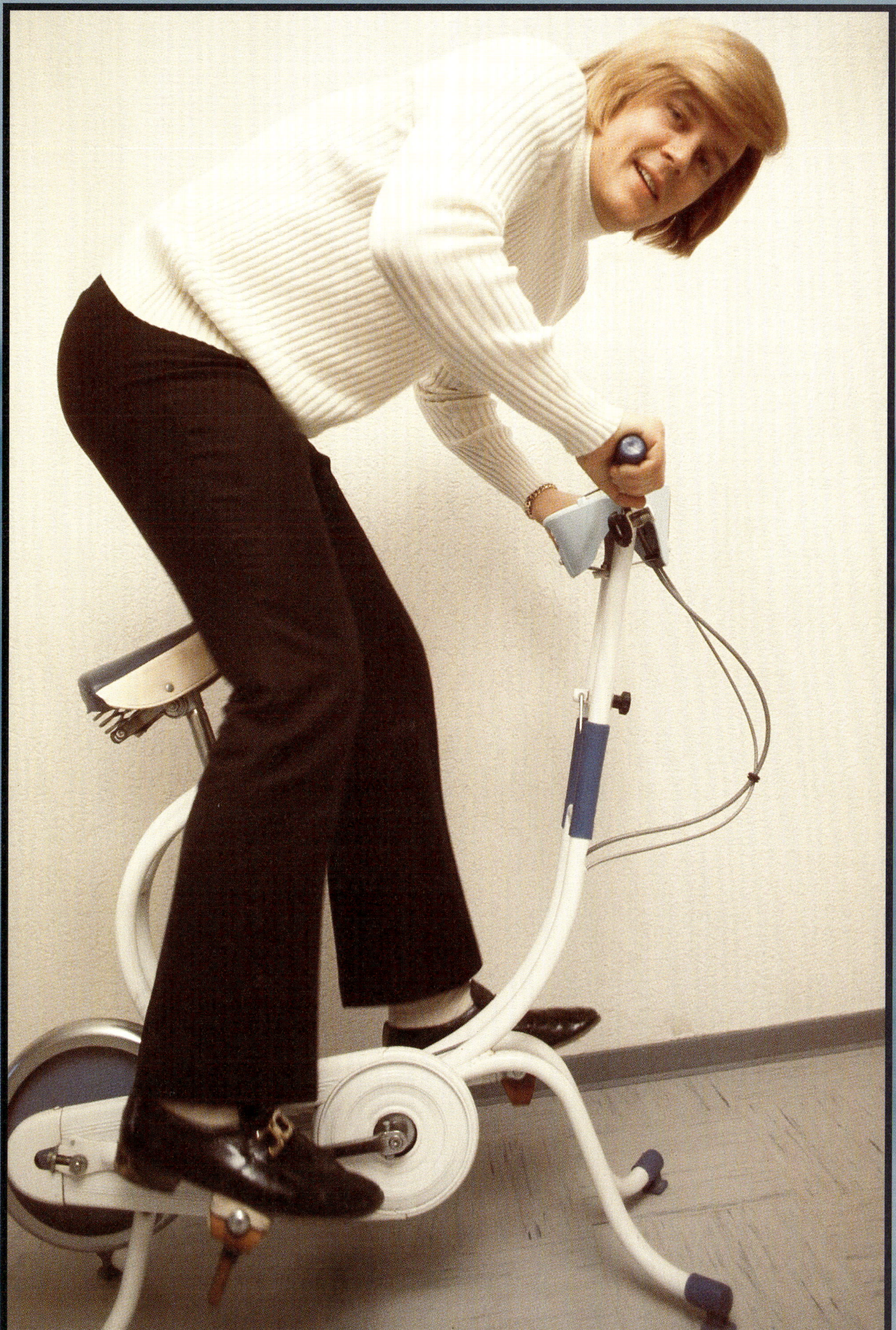

Liebe und Sex

Liebe und Sex

Manchmal komme ich mir schon vor wie Oswald Kolle

Vor Jahren habe ich in einem STERN-Interview ein paar leichtsinnige Gedanken über Liebe und Sex geäußert. Seit dieser Zeit werde ich immer wieder danach gefragt - manchmal komme ich mir schon vor wie Oswald Kolle. Jeder möchte meine Meinung über Liebe und Sex hören.

Und das Dumme ist: Ich falle immer wieder darauf rein und gebe neue Dinge zum besten.

Dabei gibt es Leute, die darüber viel kompetenter Auskunft geben können. Erich Fromm zum Beispiel, der große Psychologe. Er hat ein Buch geschrieben, das mich sehr beeinflußt hat. Es heißt „Die Kunst des Liebens". Liebe, so Fromms Botschaft, kann und muß man erlernen, sie ist eine Kunst. Und noch etwas: Man muß erst lernen, sich selbst zu lieben und zu akzeptieren, mit sich ins Reine zu kommen - erst dann kann man auch einem anderen Menschen wirklich etwas geben. Liebe sollte nicht bedeuten, daß man einen anderen „braucht", daß man ihn ausnutzt, um eigene Mängel wettzumachen. Liebe bedeutet, dem Partner etwas geben zu können.

Und noch etwas habe ich gelernt: Es gibt viele verschiedene Arten von Liebe - und jede echte Liebe ist etwas Großes. Deshalb schäme ich mich nicht, Liebeslieder zu singen. Im Gegenteil.

„Und was ist mit Sex?" höre ich die Journalisten fragen. *„Was halten Sie von einem One-Night-Stand? Und stimmt es, daß Sie Ihrer Lebensgefährtin immer wieder untreu werden? Und was war mit dem Fan, der erst neulich wieder in Ihr Hotelzimmer geschlichen ist?"*

Bitte, liebe Freunde, fragt mich über etwas anderes aus. Über Musik oder über meine Konzerte oder meine Alben. Oder meinetwegen, wenn es denn unbedingt sein muß, dann noch lieber über die Liebe ...

Es sind immer Momente mit starken Gefühlen

„Warum singen Sie Liebeslieder, statt gesellschaftskritische Themen anzugehen?" - Wie oft habe ich diese unsinnige Frage schon gehört.

Der alte Louis Armstrong hat einmal auf eine ähnliche Frage lachend geantwortet: *„Hey - let me blow, man, let me blow..."* - laß mich spielen, Mann, laß mich spielen.

Ich möchte ähnlich antworten: *„Let me sing, man, let me sing..."* Laßt mich das singen, was ich fühle. Was sind die wichtigsten Dinge im Leben? Es sind immer Momente, die mit starken Gefühlen verbunden sind. Und das stärkste Gefühl ist die Liebe.

Nennt es Deutsch-Pop, Middle-of-the-Road, Schnulzen, Schlager oder Balladen - ich singe das, was ich fühle und was ich singen möchte. Let me sing, man, let me sing...

Und wenn mir danach ist, dann singe ich auch kritische Lieder - ein Dutzend ungefähr - über meine Heimat Südafrika oder Lieder wie der „Astronaut" oder „Willkommen auf der Titanic"...

Let me sing, man, let me sing.

Und die passenden Schubladen für diese Musik suchen immer nur die Kritiker - das Publikum dagegen niemals!

Pop oder Schnulze -entscheidet selbst!

Höhepunkte meines Lebens Die Arbeit als Schauspieler

Mein erstes Engagement als Filmschauspieler bekam ich 1984. Ein Filmproduzent rief bei meinem Manager an: Er plane einen großen Kinofilm - die Liebesgeschichte eines Tierarztes in Südafrika. Und da Howard Carpendale ja Südafrikaner sei, habe er an ihn für die Hauptrolle gedacht.

Als ich davon hörte, mußte ich laut auflachen. Schließlich war ich Sänger und kein Schauspieler. Früher, zu Beginn meiner Karriere, hatte ich einmal in einem der legendären Wörthersee-Filme mitgespielt. Da fuhr ich in einem Motorboot über den See und sang einen belanglosen Titel, den ich schon wieder verges-

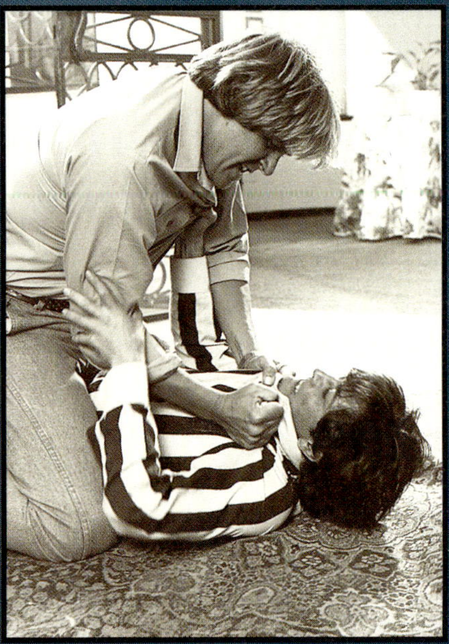

sen habe. Aber das war keine richtige Schauspielerei. Richtig schauspielern heißt für mich, einen Charakter darstellen zu können - nein, das traute ich mir nicht zu.

„Natürlich kannst du es!" sagte der Produzent. *„Und wir können uns keinen besseren Hauptdarsteller vorstellen!"* pflichtete der Filmverleiher bei.

„Und außerdem - was tust du jeden Abend auf der Bühne? Das ist doch nichts anderes. Auch da verkörperst du eine Rolle. Nimm zum Beispiel die Film-Diva Greta Garbo: eine schlechte Schauspielerin, aber eine geniale Selbstdarstellerin. Du mußt nur du selber sein..."

Diesem „Trommelfeuer" war ich nicht gewachsen. Natürlich reizte es mich, als Filmstar in meine Heimat Südafrika zurückzukehren und meinen Namen später auf den Filmplakaten zu sehen. Und weil mich auch die Geschichte mit der Garbo überzeugte, sagte ich zu.

Drei Monate später drehte ich in Johannesburg und in der Savanne Südafrikas meinen ersten Film mit dem romantischen Titel „Niemand weint für immer". Zusammen mit gestandenen Schauspielern wie Elke Sommer und Siegfried Rauch. Es war eine herrliche Zeit. Es war aufregend, machte unglaublichen Spaß, ich lernte viel über die Schauspielerei und über mich selbst. Ich wurde zwar keine männliche Greta Garbo - aber ich denke, ich habe meine

Ich lernte viel über die Schauspielerei und über mich selbst

Sache einigermaßen gut gemacht, auch wenn der Streifen in den deutschen Kinos nur ein mittelmäßiger Erfolg war. Jahre später sah ich die englische Originalfassung im amerikanischen Fernsehen. Weiß der Teufel, wie die da hineingeraten ist.

Bei den Dreharbeiten hatte ich Blut geleckt - ich wollte wieder als Schauspieler arbeiten. Und ein paar Jahre später bekam ich die Gelegenheit dazu: Das ZDF drehte in Kanada einen TV-Film mit dem Titel „Wiedersehen in Kanada". Darin spielte ich einen kanadischen Buschpiloten, der nach vielen Jahren seine Mutter wiedersieht. Diesmal hatte ich meine Sache offensichtlich gut gemacht - denn sogar die Kritiker lobten mich. Und die Filmarbeit in den Wäldern Kanadas war einfach faszinierend.

Die Schauspielerei eröffnete mir ganz neue Horizonte. Der Film-Set war eine ganz neue, eigene Welt für mich. Alles daran machte mir Spaß: die Teamarbeit und der Professionalismus, mit dem die ganze Filmcrew arbeitet - vom Kameramann bis zum Beleuchter, von den Maskenbildnern bis zum Toningenieur. Und dann der Moment, an dem der Regisseur sagt: *„Action!"* - und 40 oder 50 Augen sind auf dich gerichtet, du spürst die Spannung, die Erwartungen, die alle in Dich setzen. Diese Situation liegt mir im Blut: Ich bin immer dann gut, wenn ich im Team arbeite und weiß, daß ich dieses Team nicht enttäuschen darf.

Und weil das alles so unvergleichlich schön war, habe ich mich dann Jahre später auf das dritte Schauspiel-Abenteuer eingelassen: In der Fernsehserie „Matchball". spielte ich 12 Folgen lang einen alternden Tennisstar, der eine schwere Lebenskrise durchmacht.

Die Serie startete mit sehr viel Vorschußlorbeeren. Leider war sie nicht so erfolgreich wie erhofft - aber auch kein so großer Reinfall, wie andere befürchtet hatten. Es war einfach eine mittelmäßige Serie. Da hilft es auch nichts, daß alle auf dem Set ihr Bestes gaben. So ist es nun mal im Filmgeschäft. Wenn es anders wäre, gäbe es nur Welterfolge...

Nach Abschluß der Serie hatte ich die Nase voll von der Schauspielerei. Aber nicht für lange. Heute weiß ich: Ich will noch einmal in einem Film spielen. Ich weiß, daß ich mehr kann, als ich in der Serie gezeigt habe. Ich brauche ein gutes Team um mich herum. Ein Drehbuch, das hundertprozentig stimmt. Eine Story, die paßt. Einen Regisseur, der mich nicht bewundert, sondern hart rannimmt und das letzte aus mir herausholt. Einen Kameramann, der nicht nur schöne Bilder macht, sondern auch einmal etwas riskiert. Und einen Produzenten, der daran glaubt, daß ich auch etwas anderes spielen kann als den „netten Howard"...

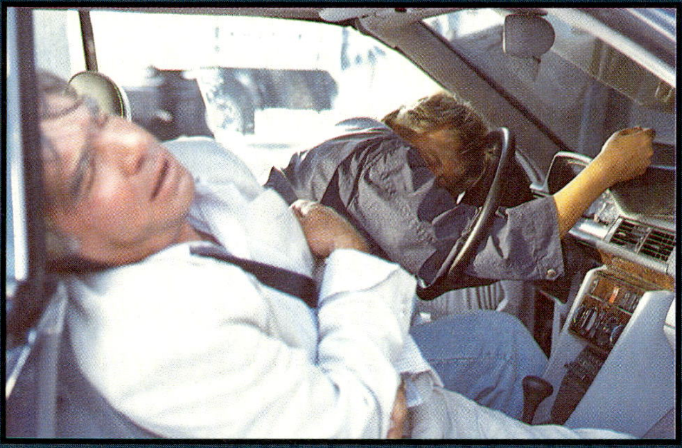

...kte meines Le...

...beit als Schausp...

Ich bin eigentlich kein ausgesprochener Gourmet - wenn man darunter versteht, daß ich einen Bordeaux nur ab „Premier Cru" trinke oder das Huhn nur ein echtes Bressehuhn sein darf.

Natürlich esse ich immer wieder in Restaurants, die für ihre feine Küche bekannt sind - das bringt schon mein Beruf mit sich. Ich müßte lügen, wenn ich sagen würde, daß ich das nicht genieße. Und manchmal miete ich mich für ein Wochenende bei meinem Freund und Meisterkoch Erich Steuber in Hilchenbach ein und lasse mich zwei Tage lang mit seiner Küche verwöhnen.

Aber im normalen Tagesablauf esse ich am liebsten Steaks und Salate. Das schmeckt mir, es bekommt meinem Körper - und es macht nicht dick.

Und wenn ich nach Florida reise, führt mich mein erster Weg in den kleinen Ort Jupiter, in meine Stammkneipe „Duffy's", wo es die besten Chicken Wings der Welt gibt. Und dazu trinke ich ... eine Cola light.

Meine Devise ist: Essen muß nicht aufregend sein - es muß schmecken und guttun.

Ich müßte lügen, wenn ich sagen würde, daß ich das nicht genieße

Über Essen und Trinken

Ein ganz normaler Studiotag

8.00 Uhr

8.00 Uhr

Der Weckdienst des Hotels ruft an: *„Herr Carpendale - Sie wollten um acht Uhr geweckt werden. Wir wünschen einen guten Morgen!“* Einen Augenblick lang weiß ich nicht, wo ich überhaupt bin. Gestern abend war ein langer Abend - bis um zwei Uhr am Morgen saß ich mit meinem Co-Autor und Texter „Knibbel“ Horn und meinem Manager Dieter Weidenfeld zusammen, um an Texten herumzufeilen. Heute gehe ich ins Studio, um sie einzusingen.

Ich stehe auf, wasche und rasiere mich, putze mir die Zähne - alles noch im Halbschlaf.

Dann bestelle ich mir ein Frühstück aufs Zimmer. Ich habe heute keine Lust, in den Frühstücksraum zu gehen, mich anstarren zu lassen, Autogramme zu geben. Ich will mich in Ruhe gedanklich auf die Studioarbeit „einschießen“.

Ein ganz normaler Studiotag

9.30 Uhr

Das Frühstück ist beendet, die Zeitung gelesen. Die reizende Journalistin von gestern hat eine kleine Meldung über mich gebracht, daß ich ab sofort kein Golf mehr spielen würde. Hat mal wieder alles falsch verstanden oder falsch verstehen wollen - ich habe nur gesagt, daß ich den Golfschläger erst mal beiseitegelegt habe, um mich voll auf mein neues Album zu konzentrieren.

Nach dem Frühstück habe ich noch etwas Gymnastik gemacht. Nicht soviel wie sonst - aber eine kleine Viertelstunde Dehnübungen. Besser als nix.

Ich nehme den Wagen und fahre ins Studio.

10.00 Uhr

Im Studio empfängt mich ein aufgeregter „Knibbel": *„Ich hab' schon versucht, Dich anzurufen, aber Du hattest Dein Handy ausgeschaltet. Wir können erst um 11.00 Uhr anfangen, weil der Gitarrist noch ein paar Parts einspielen muß..."*

Immer dasselbe! Ich sollte mich endlich daran gewöhnen, mein Handy eingeschaltet zu lassen. Aber ich hasse es, immer und überall und für jeden erreichbar zu sein. Und das mit der Geheimnummer klappt immer nur für ein paar Wochen, dann ist sie schon nicht mehr geheim!

Ich setze mich in den Aufenthaltsraum und schalte den Fernseher ein. Ich schwanke zwischen mtv, VH1 oder ntv mit den Börsennachrichten. Unentschlossen zappe ich schließlich zu VIVA rüber.

11.30 Uhr

Langsam werde ich sauer. Ich hänge herum und vertue meine Zeit. Da hätte ich lieber schlafen können oder Gymnastik machen oder Golf spielen. Aber ich kann nichts daran machen - so etwas kommt im Studio immer wieder mal vor. Hätte ich doch nur das Handy angelassen ...

11.45 Uhr

Endlich bin ich an der Reihe. Stimmlich bin ich ganz gut drauf. Aber beim Singen stelle ich fest, daß eine ganze Textzeile nicht stimmt.

Das passiert oft: Beim Durchlesen findet man alles gut - aber wenn man es dann zum Playback singt, stellt man fest, daß irgend etwas nicht richtig klingt oder eine Aussage einfach nicht zur Musik oder zu meiner Stimme paßt.

Ich spreche kurz mit „Knibbel" darüber. Er zieht sich zurück, um die Zeile neu zu schreiben. *„Aber du bist dir darüber klar, daß dann wahrscheinlich die drei nächsten Zeilen auch nicht mehr stimmen. Das kann etwas dauern!"*

Ich bin mir darüber klar - und nutze die Zwischenzeit, um den Refrain einzusingen.

13.00 Uhr

Der Refrain ist im Kasten. Tonmeister und Arrangeur sind glücklich - ich habe noch keine endgültige Meinung zu der frischen Aufnahme. „Knibbel" ist mit den neuen Textzeilen immer noch nicht fertig. Wir machen Pause, lassen uns vom Chinesen an der Ecke etwas zu essen kommen.

14.30 Uhr

Die Texte sind fertig - ich könnte also lossingen. Aber Dieter hat mir für 15 Uhr einen Fotografen auf den Hals gehetzt, der Studiofotos machen soll für eine Presseagentur. Und überpünktlich wie er ist, kommt der Fotomensch eine halbe Stunde zu früh. *„Macht nichts,"* sagt er großzügig. *„Ich höre solange zu..."*

Jetzt bin ich wirklich angefressen! Wie oft habe ich schon darum gebeten, daß das Studio ein Bereich ist, in dem ich keine Fremden haben möchte. Studioarbeit ist etwas Intimes. Da möchte ich allein sein mit meinem Team. Und ich möchte in meinem Rhythmus von niemandem gestört werden, ich möchte mich so geben können, wie ich mich gerade fühle. Da stört jeder noch so nette Außenseiter. Dabei ist dieser Fotograf noch nicht einmal nett...

Aber natürlich muß das sein mit den Fotos. Also sage ich: *„Bringen wir's hinter uns!"* und stelle mich am Mikrofon in Pose. Nach einer Viertelstunde sind die Fotos im Kasten - ich kann nicht garantieren, daß ich toll darauf aussehe...

Ein ganz normaler Studiotag

15.00 Uhr

„Knibbel“ zeigt mir den umgeschriebenen Text. Er ist in Ordnung. Aber ich spüre, daß ich nicht mehr in der richtigen Stimmung bin. Ich versuche ihn aber trotzdem einzusingen.

An der einen oder anderen Stelle möchte ich eine Silbe mehr im Vers haben. „Knibbel“ bessert den Text schnell aus. Das ist kein großes Problem für ihn. Es kommt nur ein kleines Füllwort dazu - aber dadurch bekommt die Zeile musikalisch viel mehr Dynamik.

17.00 Uhr

Ich mache Schluß für heute. Mehr kommt heute nicht mehr dabei heraus.

Ich bitte den Tonmeister, mir eine Rohmischung auf eine Kassette zu ziehen - ich will die heutigen Aufnahmen am Abend noch ein paar Mal durchhören.

17.30 Uhr

Ich fahre zurück ins Hotel. In der Lobby sitzen ein paar Fans. Weiß der Teufel, wie die herausbekommen haben, daß ich hier wohne. Aber die wissen es oft noch vor mir. Einmal habe ich auf Tournee meinen „Tour-Rider“ verloren, also das Buch mit allen Terminen. Daher wußte ich auch nicht genau, in welchem Hotel ich wohnen sollte. Ich wollte gerade meinen Konzertveranstalter anrufen, da sah ich auf der Straße ein mir bekanntes Gesicht. Ich erinnerte mich: Das war einer meiner treuesten Fans. Ich hielt an, ließ das Wagenfenster herunter und fragte die erstaunte junge Dame: *„Hey, wo wohne ich heute?"* - Und sie antwortete prompt: *„Machst Du Witze? - natürlich im Hotel Maritim..."*

Ich bleibe eine Viertelstunde bei den Fans im Hotel und gehe dann auf mein Zimmer.

18.00 Uhr

Ein paar Telefonate mit meiner Familie. „Knibbel" kommt noch auf einen Sprung vorbei, Manager Dieter und Rainer, mein A&R-Mann von der Schallplattenfirma. Wir hören uns das Band mit den frischen Aufnahmen an. Schon bei den ersten Tönen weiß ich: Das ist es noch nicht! Das ist nett und sauber gesungen - aber ohne Personality und ohne Atmosphäre.

Ich sehe in die Gesichter meiner Freunde - und wir brauchen gar nicht mehr weiter zu diskutieren. Dazu kennen wir uns einfach zu gut. Wir sind uns einig, daß das Playback noch nicht ganz zufriedenstellend ist.

19.00 Uhr

Ich rufe den Arrangeur an. Ich sage ihm, daß ich alles noch mal singen will morgen früh - und gebe ihm gleich noch ein paar konkrete Anregungen, um das Arrangement auszubauen.

20.00 Uhr

Essen gehen mit Freunden - in einer gemütlichen Kneipe, wo es ein hervorragendes Rib-eye-Steak gibt. Wir reden bis gegen halb elf, über den neuen Song, über Kollegen, Frauen, Politik.

Dann gehen wir ins Hotel. Diesmal kann ich früh ins Bett gehen, denke ich bei mir. Übermorgen wird der Titel gemischt. Da wird es sicher wieder später werden. Bei der letzten Mischung kam ich morgens um drei Uhr aus dem Studio (und um vier Uhr fiel mir dann ein, daß noch Fehler in der Mischung waren und wir am nächsten Morgen noch einmal ganz von vorn anfangen werden müssen...).

23.00 Uhr

Ich kann nicht einschlafen. Die Melodie meines Songs geht mir nicht aus dem Kopf, und ich weiß immer noch nicht genau, wie ich den Vers phrasieren soll.

Ich schalte den Fernseher ein und schaue mir die Übertragung eines Cricketspiels auf CNN an.

2.00 Uhr

Irgendwann muß ich eingeschlafen sein. Ich werde wach, schalte den Fernseher aus und bitte die Rezeption, mich um acht Uhr zu wecken ...

Ein ganz normaler Studiota

Ich glaube, ich bin kein so schlechter Vater ...

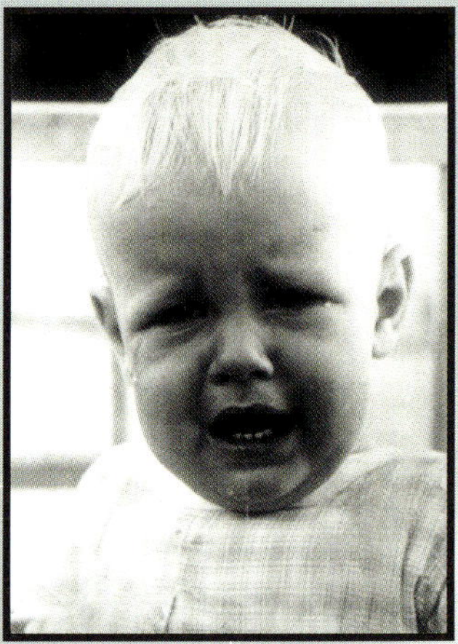

Ich bin kein großer Erziehungs-Theoretiker. Ich habe auch keine schlauen Bücher über Erziehung gelesen.

Eigentlich habe ich nur ein paar ganz simple Grundsätze: Der Wichtigste ist der, daß Erziehung vor allem bedeutet: Vorbild zu sein. Ich glaube, daß Kinder das nachahmen, was ihnen ihre Eltern vorleben - und nicht das, was ihnen die Eltern an schlauen Ermahnungen mit auf den Weg geben. Der zweite Grundsatz ist der, daß ich die Persönlichkeit meiner Kinder respektiere - auch wenn sie noch so jung sind. Und in diesen beiden Grundsätzen waren sich damals Claudia und heute Donnice und ich einig - zum Glück.

Und wenn ich sehe, was für ein dufter Typ

Er war ein ausgesprochen braves Kind - auch wenn er manchmal einen kleinen Dickkopf hatte ...
(Beatrice Cameron-Carpendale über ihren Sohn)

Ich ... ich bin kein so schlechter Vater ...

Ich würde meine Kinder nie mit Gewalt erziehen

Wayne inzwischen geworden ist, dann kann ich nur sagen: So ganz falsch können wir mit unserer Erziehung wohl nicht gelegen haben.

Wenn ich mit Wayne zusammen bin, dann ist unser Verhältnis eigentlich nicht das klassische zwischen Vater und Sohn - es ist eher so, als ob zwei Kumpels zusammen etwas unternehmen. Ich bin der etwas Ältere und Erfahrenere von uns beiden - aber ich lerne andererseits auch viel von Wayne, von der Einstellung, die seine Generation zum Leben und den Dingen hat.

Einen dritten Grundsatz habe ich fast noch vergessen: Ich würde meine Kinder nie mit Gewalt erziehen. Wayne habe ich nur einmal eine Ohrfeige geben müssen - ein einziges Mal im Leben. Das war nach einem Tennismatch zwischen Wayne und einem jüngeren Spieler. Ich war zufällig als Zuschauer dabei. Waynes Gegner verletzte sich. Und anstatt ihm zu helfen, kam Wayne zu mir und fragte mich: *„Wer hat denn jetzt den Punkt gemacht?"*

Da habe ich ihm eine Ohrfeige gegeben, von der Wayne heute noch erzählt: *„Diese Ohrfeige hat mich geprägt. Ich* *bin zwar immer noch kein guter Verlierer - weder im Leben noch im Sport. Aber ich habe gelernt, daß Fairness etwas ganz Wichtiges im Leben ist."*

Einen vierten Grundsatz sollte ich vielleicht hinzufügen: Ich unterstütze es, wenn meine Kinder ihre eigenen Wege gehen. Ich habe gelernt, daß Erziehung heißt: ein Kind nicht immer enger an sich binden zu wollen, sondern es viel mehr ganz behutsam auf eigene Beine zu stellen.

Als Wayne fünfzehn war, hatte er Schwierigkeiten in der Schule. Eines Tages kam er zu uns nach Hause und sagte: *„Ich würde gerne nach England auf ein Internat gehen. Ich habe das Gefühl, mich dort besser aufs Lernen konzentrieren zu können."*

Wir haben nicht lange überlegt, und zwei Monate später war er etwa zwei Autostunden von London entfernt im kleinen Ort Buckingham und trug stolz die Schuluniform des In-ternats von Stowe. Es waren für ihn die bisher wichtigsten Jahre seines Lebens - und als er dann nach dem Abitur zurückkam, war aus dem schüchternen Jungen ein junger, selbständiger Mann geworden.

Ich denke, mein jüngerer Sohn Cass ist auf einem ähnlich guten Weg. Als ich kürzlich aus dem Haus ging, um zu einem Auftritt zu fahren, stand er in der Tür und schaute mich lange an. Dann sagte er zu seiner Mutter: *„Weißt Du - ich mag den Typ..."*

Ich mag Dich auch, Cass. Und mehr als das ...

Willkommen auf der Titanic

Nun bist Du da, um zwei Uhr früh geboren
Auf diesem Schiff, das man die Erde nennt
Wohin es geht, ich kann es dir nicht sagen
Fühl dich jetzt erst mal wohl in meinem Arm, mein Kind

Du weißt noch nicht, wie seltsam wir hier leben
So klein wie du, hat's mir an nichts gefehlt
Ich wünsche mir so sehr, ich könnt' dir was ersparen
Denn vieles ist ganz schön verrückt auf dieser Welt

Willkommen auf der Titanic
Komm an Bord, mein Kind, mach's dir bequem
Dieses Leben ist der reinste Wahnsinn
Wir reden lange schon nicht mehr vom Untergeh'n

Willkommen auf der Titanic
Diese Reise ist so furchtbar schön
Und Millionen blinde Passagiere
Und Kapitäne, die von nichts etwas verstehen

Du wirst vielleicht mal zu den Sternen fliegen
Und einen Schneemann bauen als grünen Schnee
Die Kapitäne werden sagen, Du mußt siegen
Doch ich hab viele Sieger schon verlieren seh'n

Willkommen auf der Titanic
Komm an Bord, mein Kind, mach's dir bequem
Dieses Leben ist der reinste Wahnsinn
Wir reden lange schon nicht mehr vom Untergeh'n

Willkommen auf der Titanic
Diese Reise ist so furchtbar schön
Und Millionen blinde Passagiere
Und Kapitäne, die von nichts etwas verstehen

Für meinen Sohn Cass

Das ist es,

Ein Konzert - das ist mehr als eine Aneinanderreihung von 25 Liedern. Wenn einer nur Lieder hören will, dann kauft er sich besser die Schallplatten. Da hört er sie meistens genauso gut oder vielleicht sogar besser.

Ein Konzert bedeutet, das Publikum zu unterhalten. Man nimmt seine Zuschauer bei der Hand und führt sie zwei Stunden lang durch verschiedene Stimmungen, bringt sie zum Nachdenken, zum Träumen, zum Lachen oder auch zum Weinen. Und wenn die Zuschauer dann nach Hause gehen, dann sind sie etwas reicher geworden. Reicher an Gefühlen, an Gedanken, an Melodien und Bildern, die sich in ihr Bewußtsein eingegraben haben.

Wenn ich das nicht erreichen würde, hätte ich versagt.

Ein Zuschauer zahlt viel Geld dafür, daß er mich sieht und hört. Er schenkt mir zwei Stunden seines Lebens. Das ist eine große Verpflichtung für mich. Und deshalb nehme ich jedes Konzert sehr ernst.

Aber es ist nicht so, daß ich nur den Zuschauer beschenke - das Umgekehrte trifft auch zu. Jedes Konzert ist auch ein Geschenk an mich: Es ist ein herrliches Gefühl, oben auf der Bühne zu stehen und mit den Menschen im Publikum zusammen zu sein.

Natürlich. Es ist schön, Schallplatten zu produzieren. Heimlich, still und leise heckt man in

was ich immer wollte

Vor Publikum singen -
das ist die ursprüngliche Aufgabe eines Sängers

einem Tonstudio etwas aus - und am Ende hören Millionen von Menschen dieses Lied.

Es ist auch schön, Fernsehsendungen zu machen: Aber man agiert vor einer toten Kameralinse. Natürlich stellt man sich manchmal dabei vor, daß hinter dem gläsernen Auge des Kameraobjektivs Menschen sitzen, die dich jetzt anschauen. Und tatsächlich sehen einen ja auch Millionen von Menschen.

Aber im Konzert - da hat man sie dicht vor sich, in Fleisch und Blut. Man spürt den Atem des Publikums, seine Erwartungen. Man stellt sich dem Publikum und man läßt sich von ihm antreiben.

Vor Publikum singen - das ist die ursprüngliche Aufgabe seines Sängers. Und das ist es, was ich immer wollte - von frühester Jugend an.

On the road again

Für zwei oder drei Monate lebt man in einer Subkultur

On the road again

Ein Sänger hat zwei völlig verschiedene Leben: Das private und das auf Tournee.

Auf Tournee ist man wie auf einem anderen Stern: Da gelten andere Gesetze, man hat andere Gewohnheiten, andere Freunde, andere Stimmungen. Man erzählt sich andere Witze, man hat andere Schlaf- und Essensgewohnheiten.

Kurz: Für zwei oder drei Monate lebt man in einer Subkultur - abgehoben von der Wirklichkeit und zur gleichen Zeit näher dran als je zuvor. Man begegnet Hunderten von Menschen, hat Tausende von Eindrücken zu verarbeiten.

Nach dem Konzert ist man aufgewühlt, findet keine Ruhe, sitzt noch stundenlang mit den Musikern herum. Blödelt, spielt Poker, diskutiert über Religion und Politik und immer und immer wieder über das Konzert vom Abend. Man kommt spät ins Bett, kann immer noch nicht einschlafen und liest noch etwas oder schaut sich das Nachtprogramm im Fernsehen an - und man ist der einsamste Mensch auf der Welt. Jeder Sänger erlebt diesen traurigen Moment nach dem Auftritt: Man wird von Tausenden umjubelt, man ist der Mittelpunkt des Universums - und eine oder zwei Stunden später hockt man ganz alleine irgendwo her-

um und fällt in ein tiefes Loch. Es sei denn, man feiert Partys und versucht dadurch krampfhaft, das Hochgefühl des Konzerts künstlich zu verlängern.

Ganz schlimm aber sind die ersten Tage nach einer Tournee, wenn man wieder zu Hause ist. Abends um acht sitzt man herum und sagt sich: *„Jetzt stünde ich eigentlich auf der Bühne!"* Und instinktiv fragt man sich: *„Was machst Du jetzt hier?"*

Aber die Tournee ist vorbei, damit muß man sich abfinden. Bald geht es weiter mit Interviews, Studioarbeit - oder vielleicht doch erst einmal mit etwas Urlaub, um wieder einen normalen Lebensrhythmus zu finden. Und Zeit zu haben, sich um die Familie zu kümmern, die man fast vergessen hatte, solange man „on the road" war.

„Ich glaube, ich mache so bald keine Tournee mehr!" sagt man sich dann. Und das Unterbewußtsein widerspricht schon heftig und meldet sich mit dem Gedanken: *„Aber schön war's doch. Hoffentlich geht's bald wieder los ..."*

On the road again

Dieses Gefühl

Im Saal wird's still, das Licht geht aus
Und jemand sagt, du mußt jetzt raus

Noch einmal schließ' ich meine Augen,

Um ganz allein zu sein,
Um ganz allein zu sein.

Zwei Schritte noch, die muß ich geh'n
Dann werd' ich auf der Bühne steh'n
Und plötzlich spür' ich, es ist wieder da,
Es ist wieder da - dieses Gefühl

Ich habe mich oft gefragt, was ist das eigentlich,
Dieses Gefühl, das man hat, wenn man auf der Bühne steht.
Ist es ein Gefühl der Macht, der Eitelkeit, der Angst.

Ich weiß es nicht.

Vor Jahren einmal, da hab ich dieses Gefühl woanders gefunden,
Das war, als ich ein Autorennen fuhr und alles auf eine Karte setzte.
Vielleicht ist es einfach das, wenn man alles auf eine Karte setzen muß

Oder wenn man versucht, das ganze Leben
in ein paar Sekunden zusammenzufassen.

Vielleicht ist es ganz einfach das, was man Glück nennt,
Aber wenn es das Glück ist, dann liegt es ganz nah bei der Angst.

Erst vor ein paar Stunden kam ich in hier dieser Stadt an,
Im Hotel hatte man schon auf mich gewartet, ein Journalist,
ein kleines Mädchen, die schenkte mir einen Teddybär.

Musik: Howard Carpendale/Joachim Horn-Bernges
Text: Dieter Weidenfeld

Später am Bühneneingang standen ein paar Leute,
Sie hätten schon lange hier gestanden, sagten sie
Und sie wollten mir nur die Daumen drücken.
Irgendwo habe ich ihre Gesichter schon einmal gesehen, glaube ich.
Vielleicht beim letzten Mal.

Dann die Proben - jemand sagt, es ist ausverkauft heut' abend.
Und ich, ich wundere mich. So viele Menschen kommen nur wegen mir.

Dann ist der Abend da. Ich steh' hinter dem Vorhang und schaue hinaus.
Da sind die vertrauten Gesichter der Musiker, der weiße Hocker auf der Bühne,

Der Finger eines Scheinwerfers, der mich sucht
Und tief unten, im Dunkeln, das Publikum.

Im Saal wird's still, das Licht geht aus
Und jemand sagt, du mußt jetzt raus

Noch einmal schließ ich meine Augen,

Um ganz allein zu sein,
Um ganz allein zu sein.

Ein Licht scheint hell mir ins Gesicht,
Es tut fast weh, ich spür' es nicht.

Ich spür' in mir nur dieses eine noch,
Dieses eine noch - dieses Gefühl

Für das ich lebe.

Fans... Fans... Fans...

Jeder Künstler hat Fans - mal sind's mehr, mal weniger.

Fans - das sind Freunde, die man gerne sieht, wenn sie vor einem Hotel warten und einem zuwinken oder zum hundertsten Male um ein Autogramm bitten.

Fans - das sind auch die Verrückten, die während des Konzerts kreischen und Büstenhalter auf die Bühne werfen.

Fans - das sind manchmal Gesichter, die man irgendwo im Hintergrund sieht, die einen anstrahlen und bei denen man sich fragt, ob man diese Augen nicht schon irgendwo gesehen hat.

Fans - das sind auch die, die völlig verrückte Briefe schreiben, sich nachts ins Hotelzimmer schleichen wollen oder morgens früh vor meiner Haustüre stehen.

Fans - das sind die, die auch da sind, wenn man einmal ganz alleine sein möchte und wirklich keine Bewunderer gebrauchen kann.

Es sind viele vernünftige und gescheite Menschen dabei - und manche, die in einer Scheinwelt leben, die sich einbilden, eine ganz persönliche, private Beziehung zu ihrem Star zu haben.

Am Schluß eines Konzerts stehen sie meistens vorne an der Bühne, manchmal tausend oder noch mehr. Dann sehe ich in ihre Augen, sie singen meine Texte laut oder stumm mit, sie rufen mir irgend etwas zu und reichen mir kleine Geschenke auf die Bühne.

Ich kann mich nicht bei jedem Einzelnen dafür bedanken. Ich tue es jetzt.

Danke, Fans, Dank an Euch alle - wer und wie immer Ihr seid!

Tausendmal

Sie steht vor der Bühne
Und schaut zu ihm hinauf
Ihre kleine Hand reicht
Einen Teddy zu ihm rauf

Wie gern würd' sie mal dort oben bei ihm steh'n
Wenn der Ordner da nicht immer käme und sagte:
Du mußt jetzt geh'n
Sie kennt jedes Lied
Das er dort oben singt
Und sie ist ganz still
Bis der letzte Ton verklingt
Und sie träumt immer davon, wenn er mal runtersieht
Daß er sie vielleicht ein ganz wenig Liebt

Tausendmal
Hat sie ihm schon geschrieben
Tausendmal
Doch er schrieb niemals zurück
Er hat sicher keine Zeit
Sagt sie sich bis heut'
Doch wenn's sein muß, schrieb ich ihm noch

Tausendmal
Sie würd' so gerne wissen
Was er fühlt und denkt
Und sie glaubt zu spüren
Daß er ihr ein Lächeln schenkt
Wie oft träumte sie in seinem Arm zu sein
Und er würde Ihr seine Lieder singen
Für sie allein

Tausendmal
Hat sie ihm schon geschrieben
Tausendmal
Doch er schrieb niemals zurück
Er hat sicher keine Zeit
Sagt sie sich bis heut'
Doch wenn's sein muß, schrieb ich ihm noch
Tausendmal

Musik: Joachim Horn-Bernges/Oliver Statz
Text: Joachim Horn-Bernges

Golf und Crickett, meine große Leidenschaft

Als ich nach Deutschland kam, wollte ich natürlich auch weiterhin Sport treiben. Aus meiner Profikarriere als Cricket-spieler war zwar nichts geworden - aber natürlich war Cricket nach wie vor meine Leidenschaft.

Da mußte ich zu meinem Entsetzen feststellen: In Deutschland spielte man kein Cricket. Schlimmer noch - man kannte es noch nicht einmal.

Wenn ich jemandem von Cricket erzählte, dann sagte er meistens mit einem verständnisvollen Lächeln: *„Ach ja, das kenne ich - da spielt man einen Ball durch so einen kleinen Drahtbogen...“* und dabei zeichnete er dann mit der Hand einen kleinen Halbkreis in der Luft nach.

Und wenn Sie das jetzt lesen, dann werden Sie wahrscheinlich auch sagen: *„Na und - das ist doch ganz gut beschrieben!“*

Nein, Freunde, nein!

Cricket ist nicht diese nachmittägliche Freizeitbeschäftigung älterer englischer Ladies, die im Garten mit einem Stock Bälle durch Drahtgestelle hindurch in Richtung auf irgendeine Ziellinie schlagen - das ist Crocket.

Okay?

Crocket, Crocket, Crocket!!!

Golf und Crickett, meine große Leidenschaft

Cricket ist ein harter und technisch schwieriger Ballsport - ähnlich wie Baseball. Da werden Bälle mit einer Geschwindigkeit von bis zu 200 Stundenkilometern auf den Gegner zugeworfen, der versuchen muß, ihn mit einem Schläger abzuwehren. In den angel-sächsischen Ländern ist Cricket ein Nationalsport, und die großen Spiele (die übrigens meist ein paar Tage dauern!), stehen in den Zeitungen auf der Titelseite.

Aber fragen Sie mich jetzt nicht nach den Spielregeln - die sind so kompliziert für einen Nicht-Angelsachsen, daß man ein eigenes Buch darüber schreiben müßte. Vielleicht tue ich das eines Tages - aber in Deutschland wird es sicher kaum einer kaufen. Also lasse ich es lieber sein.

Haben wir das jetzt geklärt?

Vielleicht liest diese Zeilen ja auch der deutsche Arzt, der mich vor vielen Jahren wegen eines Rippenbruchs behandelte, den ich mir bei einem Cricketspiel zugezogen hatte.

„Ein Sportunfall?" fragte er. *„Wie ist das passiert?"* - Und ich sagte ihm: *„Beim Cricketspiel. Aber wahrscheinlich wissen Sie nicht, was das ist - Sie werden es vermutlich mit Crocket verwechseln und sich wundern, wie man sich dabei die Rippen brechen kann."*

Der Arzt setzte ein überlegenes Lächeln auf und antwortete zu meiner Überraschung: *„Lieber Herr Carpendale, Sie halten mich ja wohl wirklich für blöde. Natürlich weiß ich, was Cricket ist..."*

Ich war zufrieden. Endlich ein Deutscher, der dieses Spiel verstand. Er untersuchte mich und meinte dann: *„Na ja, er ist schon gefährlich, dieser Sport. Sie sind wahrscheinlich vom Pferd gefallen, oder?"*

Seit dieser Zeit gebe ich es auf, Leuten zu erklären, was Cricket ist. Ich brauche es ja auch kaum noch - denn inzwischen spiele ich Golf. Der Sport fasziniert mich. Er lenkt mich ab vom beruflichen Streß. Er zwingt mich, meine Gedanken zu sammeln und ein paar Mal in der Woche zehn Kilometer durch die Natur zu laufen. Und: Er erzieht zur Demut...

Das mit der Demut sollte ich vielleicht erklären: Jedem Gol-

fer gelingen hin und wieder Schläge, wie sie selbst Bernhard Langer nicht besser hinbekäme. Das Dumme ist nur: Bernhard schlägt als Vollprofi immer (oder fast immer) solche Schläge - ein normaler Golfer aber nur hin und wieder. Bei jeder Golfrunde lernt man aufs Neue seine Grenzen kennen. Man lernt, daß man nicht vollkommen ist und es auch nie sein wird.

Es gibt kein perfektes Golfspiel. Nach jeder gespielten Runde weiß man: Ein paar Schläge waren hervorragend - aber die anderen waren mittelmäßig oder sogar katastrophal. Und man nimmt sich vor: *„Beim nächsten Spiel wirst du's packen, da spielst du die perfekte Runde!"* - Aber auch beim nächsten Spiel schlägst du wieder ein paar hervorragende Bälle, ein paar mittelmäßige und ein paar katastrophale. Und so geht es ein ganzes Golferleben lang ...

Das geht mir übrigens auch bei Konzerten so. Ich träume immer wieder davon, einmal im Leben ein perfektes Konzert zu geben. Aber dieses perfekte Konzert gelingt nie. Vielleicht ist diese ständige Unzufriedenheit für mich sogar die Motivation, jeden Abend mit der gleichen Anspannung und dem gleichen Ehrgeiz auf die Bühne zu gehen.

Jeden Abend nach dem letzten Song spüre ich genau, wann ich schwach war, wann mir das Publikum aus der Hand geglitten ist. Und ich nehme mir vor: Morgen wirst du diese Stellen besser hinbekommen. Morgen vielleicht wirst du endlich das perfekte Konzert geben, von dem du immer träumst. Und zugleich weiß ich: Dieses Traumkonzert wird es nie geben. Man kann es sich immer nur wünschen und mehr oder weniger nahe an dieses Ziel herankommen. Wahrscheinlich ist es auch gut so. Denn diese Unvollkommenheit macht ein Konzert erst menschlich und gibt dem Live-Erlebnis seinen Reiz.

Aber zurück zum Golfen. Etwas habe ich nämlich fast noch vergessen zu erzählen: Golf kann auch ungeheuren Spaß machen. Besonders dann, wenn man es mit guten Freunden spielt. Und besonders dann, wenn man mit diesen Freunden um ein paar Mark wettet, wer das nächste Loch gewinnt. Und natürlich vor allem dann, wenn diese Freunde etwas schlechter spielen als man selbst...

Aber das sollten Sie keinem weitererzählen - denn „Zocken" ist beim Golfen verpönt. Das widerspricht dem Ehrenkodex dieses edlen Sports. Und kein Golfer würde das jemals tun. Außer allen, die ich kenne...

Howard Carpendale, bekannter Sänger, ging bei einem Prominenten-Golfturnier im südspanischen La-Manga-Club auf die Palme. Der Sänger, offensichtlich mit der Stimme erfolgreicher als mit dem Golfschläger, trieb seinen Ball so, daß er auf dem Baum hängenblieb. Unterstützt vom (wie kurz berichtet) späteren Sieger **Toni Sailer** bestieg Howard Carpendale das knorrige Hindernis und holte seinen Ball wieder herunter. Doch auch diese fast akrobatische Leistung nütze nicht viel, denn der Sänger endete bei dem Turnier der prominenten Nichtprofis unter ferner liefen. Foto: dpa

Golf erzieht zur Demut…

Irgend jemand hat einmal ausgerechnet, daß mich 98 Prozent aller Deutschen kennen. Ich bin also offenbar das, was man „berühmt" nennt. Darüber freue ich mich, denn es ist Teil meines Berufs. Es zeigt, daß ich im Beruf erfolgreich bin. Man kauft meine Alben, man geht in meine Konzerte.

Ich gehöre allen

Aber diese Berühmtheit beschränkt sich nicht auf mein Berufsleben - sie macht auch vor dem Privatleben nicht halt. Das gilt auch für Berühmtheiten in anderen Berufen - für erfolgreiche Politiker, Wirtschaftsbosse, Maler und Schriftsteller. Aber es gilt, glaube ich, in ganz besonderem Maße für Leute aus dem Showbusiness. Denn die gehören irgendwie dem Publikum.

Jeder, der seine Fernsehgebühren bezahlt oder der ein Konzert besucht, glaubt unwillkürlich, daß er damit auch ein Stück vom Privatleben des Künstlers gekauft hat. Der Künstler hat sich in seinen Liedern ja auch „geoutet": Er hat intime Gefühle und Gedanken preisgegeben. Man hat das Gefühl, ihn genau zu kennen. Und die Zeitungen und Magazine tun das Übrige dazu.

Ein Sänger gehört allen, und

Ich gehöre allen

er wird von allen beobachtet.

Vielleicht können Sie sich nur schwer vorstellen, wie das ist: Von dem Augenblick an, wo man morgens aus der Haustüre kommt, ist man wie auf einer Bühne. Man wird beobachtet und mit dem Bild verglichen, daß man sich von dem Künstler gemacht hat. Sieht er wirklich so aus wie im Fernsehen - oder ist er älter, jünger, dicker, dünner, höflicher oder unhöflicher? Man wird beobachtet, wie man einkauft, wie man ißt, wie man mit Freunden lacht oder wie man Auto fährt - und ob man auch dann herzlich zurücklacht, wenn man angestarrt wird.

Ein populärer Künstler ist immer auf einer imaginären Bühne und somit immer auf dem Prüfstand. Mehr noch: Er muß Autogramme geben, wird ausgefragt, erhält ungefragt Kritik und Lob.

Das ist manchmal furchtbar und manchmal herrlich. Je nach der eigenen Laune, nach der momentanen Gemütsverfassung.

Ich selber ertappe mich immer wieder dabei, daß ich mich vor dieser geballten Öffentlichkeit zurückziehe. Ich möchte mein Privatleben behalten, nicht jede kleine Gemütsregung der Öffentlichkeit zeigen. Ich möchte einmal mißmutig im Essen herumstochern, mich mit meiner Freundin zanken, Tränen lachen über einen Witz oder laut *„Scheiße!"* schreien dürfen, ohne daß es von irgend einem Außenstehenden registriert wird.

Manchmal wirke ich deshalb sehr introvertiert - und auf manche sogar arrogant. Ich vermeide den Blickkontakt mit Fremden, ich ziehe mich im Restaurant in eine versteckte Ecke zurück, versuche, ein „Irgendjemand" zu sein. Ich weiß, es ist Unsinn oder vielleicht sogar geschäftlich falsch. Aber ich komme nicht aus meiner Haut heraus.

„Für einen Künstler ist es schrecklich, immer Autogramme geben zu müssen", sagt eine Redensart. *„Nur eins ist für ihn noch schrecklicher: Nämlich keine Autogramme geben zu müssen..."*

Ich gehöre allen

Wenn Du mich finden willst

Wenn Du mich finden willst
Geh nicht die breite Straße
Dort wo die Herde geht
Dort werde ich nicht sein
Wenn Du mich finden willst
Ruf leise meinen Namen
In dieser lauten Welt
Tut jede Stille gut
Wenn Du mich stark siehst
Dann halte trotzdem meine Hände
Auch wenn ich stark bin
Bin ich oft nicht stark genug
.... oft nicht stark genug

Wenn Du mich finden willst
Frag mich, woran ich glaube
Wo meine Zweifel sind -
Und was mich traurig macht
Wenn Du mich finden willst
Zerstör nicht meine Träume
Denn die Hoffnung ist oft
Besser als ihr Ziel
Hör meine Melodien
Such mich in meinen Liedern
Dort wirst Du alles finden
Was jemals ich fühl'
... Was jemals ich fühl'

Wenn Du mich finden willst
Klopf mir nicht auf die Schulter
Denn solche Freunde hat
Man in der Sonne oft
Such mein Gesicht nicht nur
In Shows und auf Plakaten
Daß Du mich anders suchst,
Das habe ich gehofft
... so sehr gehofft

Wenn Du mich finden willst
Nenn Liebe einfach Liebe
Sag nicht „für immer" und
Sag nichts von Ewigkeit.
Und wenn Du mich gefunden hast
Dann sag mir wer ich bin
Auch ich bin auf dem Weg zu mir
Und frag so oft - wohin

Musik: Howard Carpendale/Joachim Horn-Bernges
Text: Irma Holder

USA

Die USA sind ein eigenartiges Land.

Es gibt tausend Dinge, die mich an den Staaten stören: Zum Beispiel die Tatsache, daß es da mehr Gewehre als Einwohner gibt. Oder daß der CIA Mordaufträge erteilt, um die US-amerikanische Vorherrschaft in der Welt zu sichern. Oder die Scheinheiligkeit, mit der man eine veraltete Moral propagiert, an die man sich selber nicht hält. Ich könnte eine lange Liste von Dingen aufzählen, über die ich mich ärgere.

Aber es gibt auf der anderen Seite auch tausend Dinge, die mich an Amerika begeistern. Die Offenheit allem Neuen gegenüber, die entspannte „coole" Art, Dinge zu sehen, die ungeheure Vielfalt an Kulturen, Rassen, Meinungen. Die positive Einstellung zum Leben. Die Weite des Landes.

Alles, was es auf der Welt an Gutem und an Schlechtem gibt, ist in den USA in extremer From vorhanden. Das macht die Faszination dieses Landes aus.

Deshalb habe ich immer noch ein Ferienhaus in Florida. Und deshalb werde ich auch immer wieder dahin zurückkehren.

USA

Eine Haßliebe aber mehr Liebe als Haß

MORRISON

Buddhismus

Ich fühle mich zu dieser Weltanschauung hingezogen

Ich bin absolut kein Kenner des Buddhismus. Ich habe keine Ahnung von dieser Religion, die zudem sehr komplex ist.

Ich weiß nur eins: Ich fühle mich zu dieser Weltanschauung hingezogen. Ich sage jetzt etwas, was mir vielleicht viel Ärger bringen kann: Ich beurteile eine Religion auch nach dem, was sie aus den Menschen macht. Und wenn ich Menschen wie den Dalai Lama oder auch andere Würdenträger des tibetanischen Buddhismus sehe und die Weisheit und Güte dieser Menschen spüre, dann habe ich das Gefühl: Die besitzen etwas, was ich auch besitzen möchte. Dieses Gefühl stellt sich aber nicht ein, wenn ich mir zum Beispiel die römische Kurie anschaue und ihre „Würdenträger" anschaue ...

Es gibt nur wenige Menschen, die ich wirklich als große Menschen unserer Zeit betrachte. Nelson Mandela gehört dazu, dem ich einmal begegnen durfte. Und eben der Dalai Lama.

Ich glaube, daß Meditation den Menschen helfen kann, ihr Leben zu meistern und ihre Persönlichkeit zu entwikkeln. Ich hatte früher Kontakt mit verschiedenen Sanyassin des Baghwan. Man hat oft über den Baghwan gelästert - ich habe von ihm und seinen Schriften viel gelernt.

Ich meditiere bisweilen - und es ist eine gute Sache. Ich weiß, daß ich von tibetanischen Buddhisten noch sehr viel lernen kann.

Wenn ich so mein Gesicht anschaue ...

Wenn ich so mein Gesicht anschaue ...

Wenn einer jung ist, dann kann er nichts für sein Aussehen: Es ist ihm von der Natur so mitgegeben. Aber je älter ein Mensch wird, desto mehr ist er für sein Gesicht verantwortlich: Alle Gefühle, alle Erfahrungen, alle Gedanken hinterlassen Spuren in der Landschaft seines Gesichts.

Wenn das stimmt, dann bin ich wirklich stolz auf die Entwicklung, die ich genommen habe.

Ich muß aber immer grinsen, wenn irgendein Kritiker davon schreibt, daß ich ein

schöner Mann sei. Der muß absolut blind sein: Ich habe ein viel zu großes Kinn, einen viel zu kleinen Mund, viel zu tief liegende Augen und eine absolut nichtssagende Nase. Aber komischerweise fügen sich alle diese kleinen Häßlichkeiten zu einem ziemlich harmonischen und angenehmen Äußeren zusammen, mit dem ich ganz zufrieden bin.

Wenn ich so mein Gesicht anschaue ...

Je älter ein Mensch wird, um so mehr ist er für sein Gesicht verantwortlich

Rückkehr nach Deutschland - Lust auf mehr

Ich habe fast sieben Jahre in den USA gelebt. Es war eine herrliche Zeit, auch weil ich mir dort einen Traum erfüllen konnte: Mein Haus stand mitten auf einem der schönsten Golfplätze Floridas - von meinem Swimmingpool aus konnte ich direkt auf das 14. Loch sehen. Auf dem Gelände unserer Golf-Community gab es Tennisplätze, einen Jachthafen, ein herrliches Clubhaus. Celine Dion

Rückkehr nach Deutschland - Lust auf mehr

Lust auf mehr

Rückkehr nach Deutschland - Lust auf mehr

war eine meine Nachbarin, und Burt Reynolds wohnte gleich um die Ecke.

Das alles war „American way of life“, wie man es sich im Film vorstellt. Ich habe es genossen.

Natürlich habe ich in Florida nicht nur auf der faulen Haut gelegen oder Golf gespielt. Ich habe ja auch weiterhin Alben produziert und vor allem auch mit sehr viel Engagement meine Konzerttourneen in Deutschland vorbereitet. Aber - ehrlich gesagt: Ich hatte andere Prioritäten.

Irgendwann habe ich dann gemerkt, daß dieses Leben in ewiger Urlaubsstimmung nicht alles sein kann. Ich hatte das Gefühl, am Leben vorbei zuleben. Ich hatte Lust darauf, wieder einzutauchen in das Leben in Europa - mit all seinen Widersprüchen. Ich hatte Lust, wieder abends mit Freunden zusammensitzen und zu diskutieren. Ich hatte - wie ich es mit meinem ersten Albumtitel nach meiner Rückkehr gesagt habe - einfach „Lust auf mehr“.

Rückkehr nach Deutschland - Lust auf mehr

Im Wortlaut

„Ich habe das Glück, nicht arm zu sein: Ich habe mir in meinem Leben einen gewissen Reichtum erarbeitet. Aber ich habe mir trotzdem keinen luxuriösen Lebensstil angewöhnt. Ich wollte nie vom Luxus abhängig sein."

„Reichtum - so hat mal jemand gesagt - bedeutet: Immer eine Mark mehr zu haben als man braucht. Und ich möchte noch hinzusetzen: Man braucht meistens weniger als man glaubt. Das Geheimnis besteht darin, nicht nur sein Geld einzuteilen, sondern auch seine Wünsche."

Im Wortlaut

*„Wer über Nacht berühmt werden will,
muß am Tag viel arbeiten..."*

*„Manchmal fühle ich mich nicht als erfolgreicher
Sänger, sondern als frustrierter Sportler..."*

„Ich bin ein eher bescheidener Mensch. Ich stehe nicht jeden Morgen vor dem Spiegel und sage mir ‚Was bin ich für ein toller Typ!' - nur, weil ich nicht Taxifahrer oder Ingenieur oder Physiker geworden bin, sondern zufällig Sänger."

„Jahrelang habe ich dagegen angekämpft, daß man mich ‚Howie' nennt. Und heute? Ach, inzwischen habe ich mich an diesen Namen gewöhnt. Ich glaube immer noch, daß ich eigentlich kein ‚Howie-Typ' bin - aber nachdem man Michael Schumacher ‚Schumi' nennt Frank Sinatra bis ins hohe Alter ‚Frankie-Boy' genannt wurde, bin ich eigentlich mit ‚Howie' noch ganz gut bedient. Solange mir nicht jemand dabei leutselig auf die Schulter haut, während ich gerade meine Suppe esse ...“

„Wer sich selber treu bleiben will, muß sich verändern. Ich fände es furchtbar, wenn ich heute nur noch dieselben Lieder singen würde wie vor 25 Jahren.“

„Ich weiß, daß ich etwas geleistet habe in meinem Leben, und das macht mich sicher, aber nicht arrogant."

Diskographie*

Hello Again

Howard Carpendale

Erfolge

Stationen

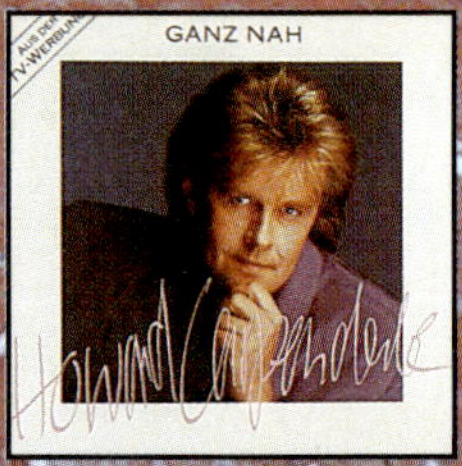

Ganz Nah

Seine grossen Erfolge

Mit viel, viel Herz

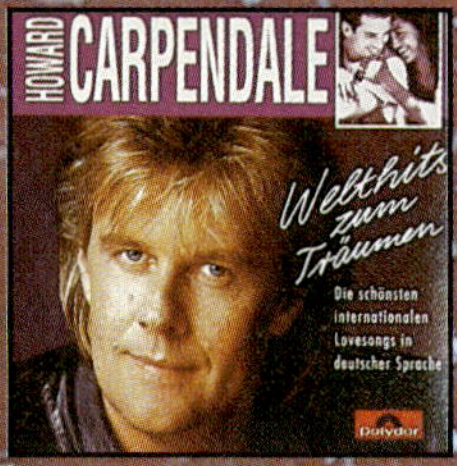

Welthits zum träumen

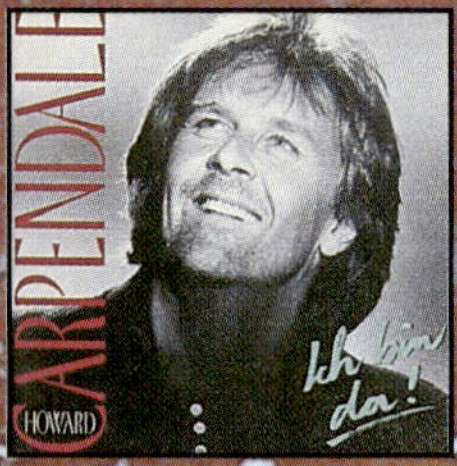

Ich bin da!

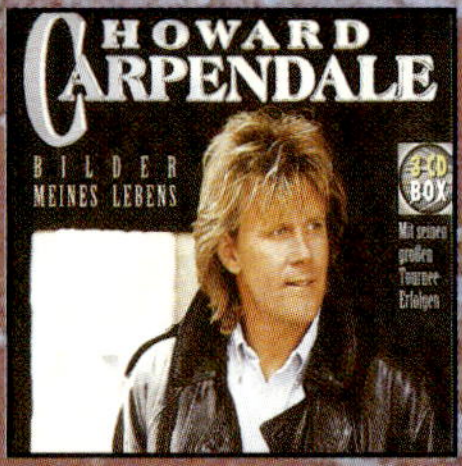

Bilder meines Lebens

Howard Carpendale '95

Kein Typ für eine Nacht

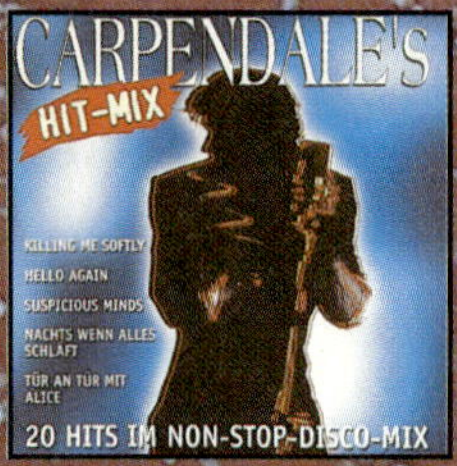

Carpendale's Hitmix

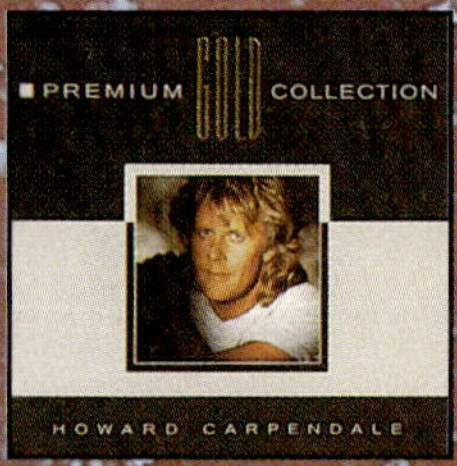

Premium Gold Collection I

Die Mega Fete

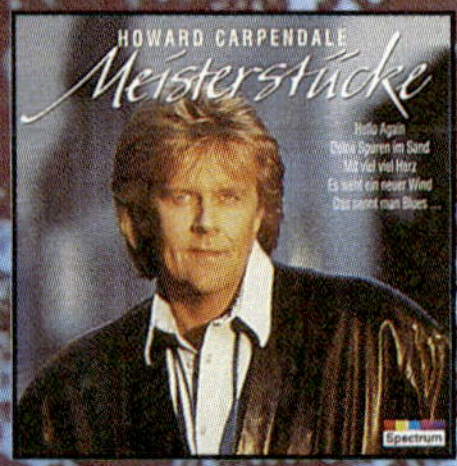

Meisterstücke

Premium Gold Collection II

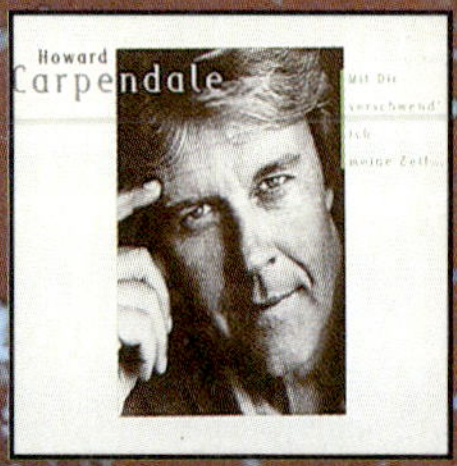

Mit Dir verschwend' ich meine Zeit

Lust auf mehr

*alle im Handel erhältlichen CD's